L_b^9 8

MÉMOIRE
DU COMTE DE GRASSE.

LIGNE DE BATAILLE du 12 Avril 1782.

NOMS DES VAISSEAUX.		MM. LES CAPITAINES.
Le Pluton. . . . . . . Le Marseillois. . . . Le Duc de Bourgogne. Le Caton (de relâche à la Guadeloupe.)	PREMIERE DIVISION.	D'Albert de Rioms. De Castellane. D'Epinous, Commandant de Division. De Framond.
La Bourgogne. . . . Le Triomphant. . . . Le Magnifique. . . . Le Conquérant. . . .	SECONDE DIVISION.	De Charitte. Du Pavillon, M. le Marquis de Vaudreuil. De Marteignes. De la Grandière.
Le Réfléchi. . . . . Le Magnanime. . . . Le Destin. . . . . . Le Diadème.	TROISIEME DIVISION.	De Médine. Le Begue. De Goimpy, Commandant de Division. De Monteclerc.
Le Glorieux. . . . . Le Sceptre. . . . . . L'Éveillé.	QUATRIEME DIVISION.	D'Escarts. De Vaudreuil, Commandant de Division. De Tilly.
La Couronne. . . . . La Ville de Paris. . Le Languedoc. . . .	CINQUIEME DIVISION.	De Mithon. De la Villéon, M. le Comte de Grasse. D'Arros.
Le Dauphin Royal. Le César. . . . . . . Le Saint-Esprit (resté au Fort-Royal.) L'Hector.	SIXIEME DIVISION.	De Montperoux. De Marigny. De Chabert, Commandant de Division. De la Vicomté.
Le Jason (de relâche à la Guadeloup.) Le Citoyen. . . . . . Le Brave. . . . . . . Le Scipion.	SEPTIEME DIVISION.	De Villages. D'Ethy. D'Amblimont, Commandant de Division. De Clavelle.
L'Ardent. . . . . . . Le Zélé. . . . . L'Auguste. . . . . . Le Northumberland.	HUITIEME DIVISION.	De Gouzillon. De Préville. De Catelan, M. de Bougainville. De Saint-Cézaire.
Le Palmier. . . . . . Le Souverain. . . . . Le Neptune. . . . . . L'Hercule.	NEUVIEME DIVISION.	Martelly. De Glandèves, Commandant de Division. Renaud d'Aleins. De la Clochetterie.

DEUXIEME ESCADRE, ou Escadre blanche & bleue, Commandée Par M. le Marquis de Vaudreuil.

PREMIERE ESCADRE, CENTRE, ou Escadre blanche, Commandée Par M. le Comte de Grasse.

TROISIEME ESCADRE, ou Escadre bleue, Commandée Par M. de Bougainville.

MÉMOIRE
DU COMTE DE GRASSE,

SUR le Combat Naval du 12 Avril 1782, avec les Plans des positions principales des Armées respectives.

L'ÉQUITÉ du Roi n'a pas permis que ma conduite au Combat du 12 Avril 1782, restât exposée au blâme public, sans avoir été juridiquement examinée. C'étoit le plus grand des bienfaits que je pûs attendre de Sa Majesté, dans mon malheur, après quarante-huit ans de service, trente Campagnes, douze Combats dans le cours de cette Guerre ; après plusieurs Isles conquises, une Armée Ennemie faite prisonniere de guerre, & l'indépendance des Etats-Unis de l'Amérique assurée, sous mon Commandement.

En effet, s'il est prouvé que le Vaisseau *Amiral*, après onze heures & demie de combat, a été hors d'état d'aucune défense ultérieure, qu'il ne restoit aucuns moyens de le sauver lorsque je l'ai rendu, j'ai certainement rempli les devoirs de Capitaine. Si, comme commandant l'Armée du Roi, j'ai fait depuis le commencement jusqu'à la fin du Combat,

A ij

tous les fignaux propres à chacune de fes circonftances & aux variations des vents, je dois être également abfous avec honneur.

L'exécution ou le fuccès de mes Ordres, ne dépendoit aucunement de moi. Tel eft le fort de tout Général d'Armée Navale; fixé fur le Pont de fon Vaiffeau, il ne peut qu'ordonner. Il ne fauroit, comme fur terre, fe porter rapidement à l'aile attaquante ou attaquée, pour faire exécuter fes manœuvres. Il ignore même ce qui peut les empêcher ou les retarder.

En conféquence, je me bornerai à rendre un compte exact & fidele des préliminaires & des événemens du Combat, dans l'ordre où ils fe font paffés; j'expliquerai les motifs de tous les fignaux que j'ai faits, heure par heure; je joindrai à ce Mémoire les Plans réduits des huit pofitions principales des deux Armées, d'après ceux deffinés en grand, par ordre du Major-Général de l'Armée, fuivant le devoir de fa Charge: ainfi, nonfeulement mes Juges, mais tous les Marins de toutes les Nations feront à portée de fe décider pour ou contre moi.

Le 8 Avril, je fis appareiller de la Rade *de St. Pierre de la Martinique*, le Convoi que je devois efcorter. L'Armée du Roi mit fous voiles à dix heures pour le fuivre. A quatre heures, on me fignala l'Armée Ennemie. Je fis fignal aux Vaiffeaux de l'arriere de forcer de voiles, & j'en diminuai pour les attendre & pour laiffer prendre plus d'avance au Convoi. Au foleil couchant, nous étions prefque fous *la Dominique*, & le Convoi commençoit à fe reffentir du calme fous la terre de cette Ifle.

Le 9 au point du jour, je découvris l'Armée Ennemie, compofée de trente-fept Vaiffeaux de ligne, dont cinq à trois ponts, & de nombre de Frégates & autres Bâtimens légers. Elle étoit fous le vent, & profitoit de rifées pour nous approcher. Je fis à l'Armée, le fignal de fe former en ligne de bataille, bas-bord amures, pour me mettre entre le Convoi & l'Armée Ennemie; & je fis au Convoi le fignal de forcer de voiles vers *la Guadeloupe*, où je donnai ordre, par une Frégate, de le faire mouiller en attendant. Je manœuvrai enfuite pour que *l'Augufte* & *le Zélé*, qui étoient encore en calme fous *la Dominique*, puffent fe réunir à l'Armée. Je fus obligé de virer plufieurs fois, pour les empêcher d'être coupés.

L'Avant-Garde Ennemie s'étant avancée, il me parut qu'elle ne pouvoit être affez tôt protégée par le refte de fon Armée, qui étoit encore retenue par le calme; je la fis attaquer par mon Avant-

Garde. Quoique l'Avant-Garde Angloife fut fupérieure, elle plia & fut affez maltraitée. J'aurois pû remporter un avantage plus décifif, fi je n'avois pas eu, d'un côté, le Convoi à couvrir, & de l'autre à conferver une pofition qui protégeoit le ralliement *de l'Augufte & du Zélé* à l'Armée. J'avois lieu de craindre que l'Arriere-Garde Ennemie ne les interceptât, pendant que j'aurois pourfuivi l'Avant-Garde, ainfi je fis virer l'Armée du Roi toute à la fois, pour aller au-devant de ces deux Vaiffeaux. Ils me rejoignirent à la faveur de ce mouvement. Le Convoi continua fa route pendant la nuit, fuivant mes nouveaux Ordres, & je courus des bords dans le Canal *des Saintes* & de *la Dominique*, pour obferver de près, fi l'Armée Angloife ne feroit pas quelques mouvemens pour troubler la marche de mon Convoi.

Le 10, à la pointe du jour, l'Armée Angloife étoit fous le vent. *Le Souverain* parut au vent de l'Armée du Roi, & il s'y rallia. Celle-ci continua à courir des bords dans le même Canal, pour obferver les Ennemis. Le Convoi n'avoit pas encore affez d'avance fur l'Armée, pour que je le fuiviffe, je le protégeois plus fûrement en reftant en préfence des Ennemis.

Vû la fupériorité de l'Armée Angloife en nombre

de Vaisseaux & de canons, pour éviter tout autre engagement, mon projet étoit de m'élever au vent des *Saintes* & doublant *la Désirade* au vent, de passer par le vent des Isles, pour me rendre à *St. Domingue*; mais les Vaisseaux qui avoient combattu, avoient à se réparer, & pendant la nuit, *le Zélé* ayant abordé *le Jason*, les haubans de ce dernier furent emportés. Il fut obligé de relâcher à *la Guadeloupe*, & l'Armée fut dans la nécessité de conserver sa position. *Le Caton*, qui avoit été toute la journée dans le Canal *des Saintes* & de *la Guadeloupe*, ne parut plus.

Le 11, nous étions presque tous au vent *des Saintes*, lorsque sept Vaisseaux Ennemis chasserent de près *le Magnanime*, qui avoit à passer un mât de hune, & *le Zélé* qui se réparoit de son abordage de la nuit précédente. Ces deux Vaisseaux, je ne sais pourquoi, porterent leur bordée au Sud, ce qui les exposoit à être pris. Je ralliai l'Armée pour aller à leur secours. Je la fis forcer de voiles, par des signaux réitérés, & sur ce mouvement, les Vaisseaux Ennemis s'arrêterent & se rallierent tous au gros de leur Armée. Je repris alors l'exécution de mon premier Plan, que cette manœuvre avoit retardé. Je fis signal de tenir le vent, & pour mieux indiquer mon intention à l'Armée, avant d'être sous *la Dominique*, je fis le signal de virer, & je continuai à courir des bords, mes feux & ceux de toute l'Armée allumés.

Outre cette précaution contre les abordages, j'avois donné une instruction par écrit, qui auroit dû les prévenir tous. Je m'y étois soumis moi-même, elle portoit: *que tout Bâtiment ayant les amures à bas-bord, devoit arriver, sans égard à l'ancienneté.*

Cependant, le 12 à deux heures & un quart après minuit, *le Zélé* ayant les amures à bas-bord, n'arriva pas, & aborda *la Ville de Paris*. Il rompit son beaupré & son mât de mizaine; mais avant que ces deux Vaisseaux se fussent dégagés, ils étoient tombés sous le vent, par une suite naturelle de tout abordage. *La Ville de Paris*, moins endommagée, reprit le vent pour s'élever & rejoindre l'Armée, dès l'instant qu'elle se fut réparée; *le Zélé*, au contraire, qui avoit des mâts rompus, fut remorqué par *l'Astrée*; ces deux Bâtimens tomberent encore plus sous le vent. A cinq heures, cette Frégate me signala l'approche de l'Armée Ennemie.

Dès

Dès que je crus que l'Armée pourroit *PREMIERE PLANCHE.* diftinguer la couleur des Pavillons de mes fignaux, je lui fis le fignal de fe rallier, peu A cinq heures trois quarts. après celui de forcer de voiles, & enfuite A fix heures un quart. celui de fe préparer au combat. J'appuyai A fept heures & demie. chacun de ces fignaux de plufieurs coups de canon, pour marquer combien je défirois de célérité dans leur exécution. En effet, le danger *du Zélé* étoit imminent.

Je ne pouvois pas l'abandonner, & quoi-qu'on ait pû dire, je ne le devois pas. L'iffue du Combat a pû feule faire penfer le contraire, mais elle étoit incertaine, & la perte de ce Vaiffeau infaillible. Or, mon premier devoir étoit de le fauver fi je le pouvois, & je le pouvois, puifqu'il n'a pas été pris. Ma contenance & le mouvement ordonné le 11, avoient fauvé *le Magnanime* & *le Zélé*. Aurois-je dû les laiffer prendre plutôt que d'offrir le Combat? Etois-je affuré que je ferois obligé de combattre le 12, pour fauver un feul Vaiffeau, tandis que je ne l'avois pas été le 11 pour en fauver deux? Pouvois-je m'attendre à combattre fi malheureufement le 12, après l'avoir fait fi heureufement le 9? La manœuvre qui avoit garanti le 9 mon

B

indiquer mon intention à l'Armée, avant d'être sous *la Dominique*, je fis le signal de virer, & je continuai à courir des bords, mes feux & ceux de toute l'Armée allumés.

Outre cette précaution contre les abordages, j'avois donné une instruction par écrit, qui auroit dû les prévenir tous. Je m'y étois soumis moi-même, elle portoit : *que tout Bâtiment ayant les amures à bas-bord, devoit arriver, sans égard à l'ancienneté.*

Cependant, le 12 à deux heures & un quart après minuit, *le Zélé* ayant les amures à bas-bord, n'arriva pas, & aborda *la Ville de Paris*. Il rompit son beaupré & son mât de mizaine ; mais avant que ces deux Vaisseaux se fussent dégagés, ils étoient tombés sous le vent, par une suite naturelle de tout abordage. *La Ville de Paris*, moins endommagée, reprit le vent pour s'élever & rejoindre l'Armée, dès l'instant qu'elle se fut réparée ; *le Zélé*, au contraire, qui avoit des mâts rompus, fut remorqué par *l'Astrée* ; ces deux Bâtimens tomberent encore plus sous le vent. A cinq heures, cette Frégate me signala l'approche de l'Armée Ennemie.

Dès

Dès que je crus que l'Armée pourroit *PREMIERE PLANCHE.* distinguer la couleur des Pavillons de mes signaux, je lui fis le signal de se rallier, peu après celui de forcer de voiles, & ensuite celui de se préparer au combat. J'appuyai chacun de ces signaux de plusieurs coups de canon, pour marquer combien je désirois de célérité dans leur exécution. En effet, le danger *du Zélé* étoit imminent.

A cinq heures trois quarts.
A six heures un quart.
A sept heures & demie.

Je ne pouvois pas l'abandonner, & quoi-qu'on ait pû dire, je ne le devois pas. L'issue du Combat a pû seule faire penser le contraire, mais elle étoit incertaine, & la perte de ce Vaisseau infaillible. Or, mon premier devoir étoit de le sauver si je le pouvois, & je le pouvois, puisqu'il n'a pas été pris. Ma contenance & le mouvement ordonné le 11, avoient sauvé *le Magnanime* & *le Zélé*. Aurois-je dû les laisser prendre plutôt que d'offrir le Combat ? Etois-je assuré que je serois obligé de combattre le 12, pour sauver un seul Vaisseau, tandis que je ne l'avois pas été le 11 pour en sauver deux ? Pouvois-je m'attendre à combattre si malheureusement le 12, après l'avoir fait si heureusement le 9 ? La manœuvre qui avoit garanti le 9 mon

B

Convoi, *l'Auguste* & *le Zélé*, pouvoit me procurer encore l'avantage le 12, si elle avoit été exécutée : pouvois-je prévoir qu'elle ne le feroit pas ? D'ailleurs, l'honneur des Armes du Roi, le mien, ne me permettoient pas de laisser prendre, sous mes yeux, un Vaisseau hors d'état de se défendre. Bien plus, tous les jours, comme on vient de le voir, depuis mon départ de *la Martinique*, il y avoit eu quelques Vaisseaux traîneurs dans l'Armée ; il falloit donc tous les matins, ou présenter le combat pour les rallier & pour les sauver, ou augmenter mon infériorité par une lâcheté journaliere. Quelle perte, quel découragement pour l'Armée ! Quelle flétrissure pour le Pavillon François ! Quel Général eût pû s'y déterminer ?

SECONDE PLANCHE. L'Armée se mit en bataille, d'après mon signal, bas-bord amures dans l'ordre renversé. Elle avoit le vent sur les Ennemis ; il étoit à l'est-quart-nord-est : la tête de leur Armée me restoit au sud, à la distance de près de trois lieues, & la queue au sud-quart sud-ouest, à quatre lieues. Mon intention étoit de me mettre au même bord qu'elle, & de ne combattre que son Avant Garde avec autant

& peut-être plus d'avantage que le 9, si elle continuoit à porter sur mon centre; car je n'avois plus à veiller à la conservation d'un Convoi, & des Vaisseaux traîneurs comme le 9. D'ailleurs, c'étoit le seul moyen de suppléer à mon infériorité de plus de quatre cens canons & de sept Vaisseaux. L'Ennemi nous voyant former, abandonna la poursuite *du Zélé*; il se forma lui-même stribord-amures: par cette position, son Avant-Garde gouvernoit sur mon corps de bataille.

L'Armée du Roi étant bien rangée, (*) je lui fis le signal d'arriver en même-tems sur la tête de l'Ennemi, tant pour la faire plier, que pour assurer *au Zélé* & à *l'Astrée* qui le remorquoit, le moyen de se rendre à *la Guadeloupe*. Ce signal fut exécuté, & ces deux Bâtimens mouillerent en effet à *la Basse-Terre*. Cependant l'Avant-Garde Ennemie, & partie de son corps de bataille, ne pouvant couper ma ligne, furent obligés de passer sous le vent de mon corps de bataille & de ma deuxieme Escadre, devenue mon Arriere-Garde. J'étois

TROISIEME PLANCHE.

A huit heures.

_____
(*) Si elle ne l'avoit pas été, elle n'auroit pas fait plier la tête de l'Ennemi. Celle-ci au lieu de me passer sous le vent, auroit dès-lors coupé ma ligne.

dans la position que j'avois prévû, & au moment d'exécuter mon Plan d'attaque de cette partie de l'Armée Ennemie, hors de portée d'être secourue à tems par l'autre, en faisant virer l'Armée du Roi toute ensemble : ce mouvement, que la variation du vent, marquée dans la quatrieme Planche, prescrivoit elle seule, me procuroit en même-tems l'avantage d'empêcher ma troisieme Escadre, qui seroit redevenue mon Arriere-Garde, de se trouver en calme, si elle continuoit sa bordée vers *la Dominique*; & de plus, en me mettant au même bord que l'Ennemi, il assuroit encore mieux mon Projet d'attaque de cette partie de son Armée qui me passoit sous le vent.

QUATRIEME PLANCHE. Les deux Armées dans cette position, les Vaisseaux qui se canonnoient en passant à portée les uns des autres, ne faisant respectivement aucun usage de leur mousqueterie; cette partie de l'Armée du Roi devoit avoir nécessairement l'espace de virer, & le reste en devoit avoir un plus grand, puisqu'il ne se servoit pas encore de son artillerie; ainsi je n'aurois pû être indécis qu'entre les deux manieres de faire virer l'Armée; mais comme les Vaisseaux qui essuyoient déjà le feu des Ennemis, pouvoient être aussi malheureux que *la Ville de Paris*, qui avoit le plus grand nombre de ses manœuvres coupées, & ses voiles criblées, ce qui les auroit empêché de virer vent devant, & que tout Vaisseau, même dégréé, peut toujours virer vent arriere ; je fis à toute l'Armée le signal de virer toute ensemble vent arriere. Ce signal fut répété comme à l'ordinaire ; mais n'ayant pas été exécuté, je fus dans la nécessité de combattre à bord opposé, de combattre plutôt que je ne l'aurois fait, & avec moins d'avantages, ma troisieme Escadre restant hors de portée de me seconder & de prendre part au Combat. Les vents varierent ensuite dans la partie du sud-sud-est.

A huit heures un quart.

Quoique mon précédent signal fut demeuré sans exécution, je n'abandonnai pas mon Projet d'attaque, d'une partie de l'Armée Ennemie & de faire éviter le calme à ma troisieme Escadre. J'avois encore un moyen pour y parvenir : c'étoit de faire virer l'Armée du Roi, par la contre-marche. Par ce mouvement, la troisieme Escadre auroit contenu la partie de l'Armée Ennemie qu'elle

(14)

auroit prolongé la premiere, dans une situation qui auroit donné au corps de bataille & à la deuxieme Escadre de l'Armée du Roi, qui avoit déjà combattu, le tems de se réparer avant une seconde attaque; en conséquence, je fis le signal à l'Armée de virer vent arriere, par la contre-marche. Les Frégates le répéterent : elles firent plus, elles m'assurerent, par le signal convenu entr'elles & moi, que mon signal étoit connu & parvenu à tous les Vaisseaux de la ligne ; mais l'exécution ne s'ensuivit pas. Elle devoit commencer par le Vaisseau de tête de la troisieme Escadre ; il n'en continua pas moins sa bordée, & les autres suivirent son exemple & non pas mon signal.

<small>A huit heures trois quarts.</small>

<small>CINQUIEME PLANCHE.</small> Alors mon corps de bataille & ma deuxieme Escadre, se trouvant obligés de passer très-près de l'Ennemi, & de le canonner vivement, *la Ville de Paris* ayant été extrêmement dégréée, n'ayant déjà plus que ses basses voiles sans bras ni écoutes, leur marche fut nécessairement plus lente que celle de la troisieme Escadre & d'une partie de la premiere, qui ne régla pas la sienne, sur celle que *la Ville de Paris* pouvoit faire,

& la ligne ne fut pas auſſi ſerrée qu'auparavant. Les vents adonnerent en même-tems aux Ennemis & nous refuſerent. Par toutes ces cauſes, la troiſieme Eſcadre, avec les Vaiſſeaux de la premiere qui la ſuivoient, fut coupée de mon corps de bataille, par le reſte de l'Armée Angloiſe, que le vent favoriſoit. Le reſte de mon corps de bataille fut auſſi coupé par le corps de bataille Ennemi, & l'Avant-Garde Angloiſe continua de prolonger mon Arriere-Garde.

A la faveur d'un reſte de ce petit vent, le corps de bataille Anglois dépaſſa le mien, ſans le doubler; au lieu que l'Arriere-Garde Angloiſe contourna & doubla la partie de mon corps de bataille & ma troiſieme Eſcadre, après avoir coupé la ligne, comme je viens de le dire. Le calme nous prit dans cette poſition, & il devint ſi parfait un inſtant après, que la fumée qui couvroit entiérement l'horiſon, nous empêchoit de nous voir à la longueur d'un cable. Le Combat ceſſa abſolument pour la ſeconde Eſcadre & pour la partie de mon corps de bataille qui reſtoit auprès de moi. Il continua pour le reſte de cette premiere Eſcadre & pour la troiſieme qui avoient été doublée. C'est alors que cette portion de l'Armée du Roi a dû faire & essuyer le plus grand feu, & que quelques-uns des Vaisseaux qui la composoient, ont dû être chauffés de très-près. Le calme dura trois quarts d'heure; je m'étois régréé sous le feu des Ennemis, je me régréai encore en partie pendant ce tems de repos. Le vent dissipa la fumée, nous nous reconnumes.

SIXIEME PLANCHE. Je vis la deuxieme Escadre de l'Armée du Roi assez rassemblée dans le sud-sud-ouest, & le reste de la premiere, ainsi que la troisieme, qui faisoient un long détour pour venir sous le vent des six Vaisseaux qui restoient auprès de *la Ville de Paris*. *Le Glorieux*, démâté de tous mâts, étoit de ce nombre. Je n'eus rien de plus pressé que de faire signal aux Frégates de le remorquer, & *le Richmond*, sous le feu des Ennemis, lui donna un grelin; mais le vent fraîchissant, plusieurs Vaisseaux Ennemis le forcerent, à coups de canon, de couper l'amarre.

A une heure un quart. Dès que les signaux avoient pû être apperçus, j'avois fait celui de ralliement général en toute occasion; la troisieme Escadre ne l'exécuta point. Il n'y avoit que *le Glorieux*

que

que l'on ne pût pas espérer de sauver, attendu son état; mais la Bataille pouvoit si bien ne pas se perdre, & le Combat si fort se rétablir, que les Vaisseaux de l'Avant-Garde Angloise, en prolongeant trop loin leur bordée, s'étoient mis dans le cas de n'avoir plus le tems d'y prendre part, si toute l'Armée s'étoit ralliée & remise en ligne dans l'ordre renversé, comme le vent lui-même sembloit alors se plaire à l'indiquer. La troisieme Escadre n'avoit qu'à diminuer de voiles; la deuxieme, comme je l'ai déja dit, étoit à portée de moi, & assez rassemblée, de sorte que la ligne étoit facile à former promptement, quoique sous le vent des Ennemis. Je fis donc le signal à toute l'Armée de se mettre en bataille dans l'ordre renversé; mais il ne fut pas exécuté par la troisieme Escadre & par les Vaisseaux de la premiere qui avoient déja pris le parti de la suivre. Alors j'adoptai le seul moyen qui me restoit, pour avoir la facilité de m'approcher de la deuxieme Escadre; je lui fis le signal de diminuer de voiles *A deux heures trois quarts.* & elle y satisfit.

A trois heures & demie, voyant qu'une *SEPTIEME PLANCHE.* partie si importante de l'Armée du Roi, au lieu d'exécuter mon signal de former la ligne, continuoit à courir vent arriere ; qu'il étoit plus inftant que jamais de faire front à l'Ennemi, puifqu'il profitoit de la brife de l'eft, qu'il avoit avant nous, pour fe rallier & pourfuivre fon avantage, j'efpérai obtenir de l'Armée du Roi qu'elle tiendroit le vent. Je me flattois qu'alors ceux qui croyoient, fans doute, l'affaire défefpérée, fe convaincroient, par leurs propres yeux, de la facilité d'empêcher *le Céfar*, *l'Ardent* & *l'Hector* d'être coupés, & de donner à *la Ville de Paris*, malgré fon dégréement prefqu'abfolu, le tems de fe rallier. Je comptois auffi par ce mouvement, en impofer aux Ennemis & ralentir leur pourfuite, car ils n'obfervoient prefque plus d'ordre, croyant fans doute qu'ils n'avoient plus à fe défendre. Je fis donc le fignal que je viens d'indiquer, mais toujours inutilement pour la troifieme Efcadre & partie de la premiere.

A quatre heures, je ne fis pas moins le fignal de fe rallier à l'ordre de bataille naturel, ftribord-amures. Ce mouvement étoit fi facile & fi indiqué par la circonftance, que la deuxieme Efcadre, fur le fignal de son Chef, s'établit sur ce bord, & je n'eus qu'à le répéter pour toute l'Armée. Si la troisieme Escadre & partie de la premiere, qui gouvernoit comme elle, eussent suivi ces nouveaux Ordres, la ligne eût encore été formée ; mais *le César* avoit été obligé de se rendre.

Cependant l'*Hector* & l'*Ardent* touchoient au moment d'être coupés : ils demandoient du secours par leurs signaux. La seconde Escadre faisoit d'autant plus d'efforts, pour dégager *la Ville de Paris*, qu'elle lui voyoit faire tous ceux dont ce Vaisseau étoit alors capable, pour arriver jusqu'à elle, mais le reste de l'Armée ne faisoit pas moins vent arriere. Dans l'espoir que l'exemple de cette seconde Escadre opéreroit sur les autres Vaisseaux, je fis encore à toute l'Armée le signal de tenir le vent toute à la fois, les amures à stribord, mais tout en répétant mes signaux, on ne s'arrêtoit point, on se couvroit de voiles, la plûpart avoient des bonnettes. Je fis encore peu après le même signal, & toujours en vain.

La seconde Escadre, s'appercevant qu'elle alloit avoir affaire à toute l'Armée Ennemie,

A quatre heures un quart.

A cinq heures trois quarts.

voyant qu'elle abandonnoit la poursuite du surplus de l'Armée du Roi, pour se réunir contre elle, reconnut l'impossibilité de dégager à elle seule *la Ville de Paris*, déjà jointe & prise en flanc par quelques Vaisseaux, & attaquée de l'arriere par plusieurs autres. Cette Escadre cessa ses efforts en ma faveur, & peu après je fus entouré de par tout. Mon malheur me parut inévitable, d'autant plus que ma Chaloupe & mes Canots avoient été percés de part en part en plusieurs endroits dans le cours du Combat, & qu'il m'étoit impossible de transporter mon Pavillon sur un autre Vaisseau.

HUITIEME PLANCHE. Je continuai seul le Combat, pour satisfaire à mon honneur, à celui du Vaisseau où le sort me fixoit, & pour occuper les Vaisseaux Ennemis qui auroient pû inquiéter la retraite de l'Escadre qui m'avoit si dignement secouru; mais que pouvoient le nom & les cent canons de mon Vaisseau, contre dix autres qui le foudroyoient par plus de quatre cens tous à la fois, en ne lui prêtant qu'un seul côté. Privée de tous ses aggrets, régréée sous le feu des Ennemis & toujours dégréée, ses mâts percés, vacillants, ses voiles criblées, en lambeaux, ses vergues coupées, ses Equipages sans avoir pris aucune nourriture depuis le point du jour, jusqu'à la nuit close, la *Ville de Paris* pouvoit se rendre sans honte & sans reproche, & je voulus la défendre encore ; mais obligé de tenir tous les sabords ouverts, pour faire feu de bas-bord, de stribord & de l'arriere, mes gargousses s'épuiserent ; je ne pûs ensuite faire charger mes canons qu'à la cuillerée, à la seule lueure de mes fanaux, & j'eus la douleur de ne pouvoir jamais les garder allumés, à cause de la fumée & de la double commotion. Alors ne pouvant plus tirer un seul coup, canonné par dix Vaisseaux qui ne me prêtant qu'un côté, pouvoient se servir de leurs fanaux, canonné d'assez près pour perdre beaucoup de monde, & en même-tems d'assez loin pour ne pouvoir faire usage de ma mousqueterie, il fallut me rendre. J'étois réduit à un tel état que les Ennemis, le 13 au matin, pour amener le Pavillon de commandement, furent obligés de couper les mâts de crainte en y montant d'être entraînés dans la mer ou écrasés par leur chute. Enfin mon Vaisseau étoit si peu en état de leur échapper, qu'ils ont été forcés de le remorquer depuis le champ de bataille jufqu'à la Jamaïque.

Je doute que l'Hiftoire offre l'exemple d'un Combat auffi long & auffi vif, & d'une défenfe auffi opiniâtre. Il ne me reftoit d'autres moyens de ne pas rendre *la Ville de Paris*, que celui de la faire fauter en l'air; mais l'Ordonnance de la Marine ne m'en faifoit pas un devoir; comme celle de la défenfe des Places de Guerre, n'en fait pas un au Gouverneur d'une Citadelle, de s'enfévelir fous fes ruines avec fa Garnifon. Je n'ai pas craint la Mort, je l'ai vu de fang-froid & d'affez près, pendant onze heures & demie; je n'avois pas le droit de la donner au refte de mon brave Équipage. Il auroit pû me défobéir fans crime, ainfi je chaffai loin de moi cette idée barbare. J'étois bien affez malheureux, fans me rendre coupable, par le fentiment d'une fauffe gloire.

Telles font les circonftances du malheur des Armes du Roi & du mien. On ne doit pas s'en étonner; les manœuvres les plus importantes n'ont pas été exécutées; neuf de mes fignaux ont été abfolument négligés.

C'est à mes Juges à décider si les mouvemens qu'ils prescrivoient, étoient propres aux circonstances du Combat & aux vents qui régnoient alors; je me soumets à leurs lumieres, avec autant de confiance que de respect. Ce sont mes signaux, c'est la défense de mon Vaisseau que j'ai entendu déférer à leur examen. L'inexécution de mes signaux ne peut être de l'essence de ma Cause. Elle n'est point de mon fait.

Je suis le premier Général d'Armée Françoise jugé par un Conseil de Guerre. Le bien du Service du Roi m'oblige d'observer, qu'on ne pourroit être reçu à avancer après coup & avec espoir de le prouver légalement contre son Général, devant un Tribunal Militaire, que ses signaux étoient impossibles à exécuter, à moins d'avoir commencé à y obéir, & d'avoir réellement rencontré quelque obstacle invincible, ou bien de lui avoir fait connoître sa propre impuissance par un signal. Car cette allégation sera toujours facile, & les conséquences en seroient dangereuses.

Au contraire, dans tout Combat, sur-tout en pleine Mer, le coup-d'œil du Général doit suffire pour prouver à l'Armée la possibilité du mouvement ordonné. Il n'y a pas à délibérer, autrement l'instant se passe, & le Général peut moins que jamais répondre de l'événement à son Maître & à sa Nation.

LE COMTE DE GRASSE.

EXTRAIT du Journal des signaux de la Campagne de M. le Comte DE GRASSE.

Du 12 Avril 1782.

A minuit trois quarts.   FAIRE virer l'Armée vent devant toute à la fois. » A deux heures un quart *le Zélé* » nous a abordé dans notre porte-lof de » bas-bord, venant à contre-amure. Il nous » a déchiré notre mizaine & le perroquet » de fougue. De cet abordage, ce Vaisseau » a perdu son beaupré & son mât de mizaine.

A deux heures trois quarts. » On a distingué les signaux *du Zélé* pour » être remorqué.

A cinq heures. . . . . Signal de reconnoissance.

» Nous avons vu notre Armée au vent à » nous, environ trois lieues, & le *Zélé* sous » le vent, avec la Frégate qui faisoit des » signaux, que l'Armée Ennemie approchoit.

Railler

A cinq heures trois quarts.	Rallier l'Armée à l'ordre de bataille, l'amure à bas-bord dans l'ordre renversé.
Peu après.	Le même signal.
A six heures un quart. .	Faire forcer de voiles à toute l'Armée.
A sept heures & demie. .	Se préparer au Combat.
A huit heures.	Faire arriver en même-tems toute l'Armée.
A la même heure. . . .	Indiqué l'air de vent au sud-sud-ouest.
A huit heures un quart. .	Faire virer l'Armée lof pour lof, toute à la fois.
	” *Ce signal n'a pas été exécuté.*
A huit heures trois quarts.	Faire tenir le vent à toute l'Armée à la fois, les amures à bas-bord.
Peu après.	Faire virer l'Armée lof pour lof, par la contre-marche.
	” *Ce signal n'a pas été exécuté.*
A dix heures trois quarts.	Faire approcher davantage les Frégates pour répéter les signaux.
	” *Le Richmond a seul exécuté ce signal.*
A onze heure.	Ordre aux Frégates de donner la remorque à un Vaisseau qui a besoin d'un prompt secours pour ne pas tomber dans la ligne Ennemie, (*le Glorieux*).
	” *Ce signal a été exécuté par le Richmond.*
A une heure un quart. .	Rallier, en toute occasion, les Vaisseaux, Frégates & autres Bâtimens, de l'Armée.
	” *L'Escadre Bleue n'a pas exécuté ce signal.*
A la même heure. . . .	Rallier l'Armée à l'ordre de bataille, l'amure à bas-bord dans l'ordre renversé.
Peu après.	Faire tenir le vent à la deuxieme Escadre, toute à la fois.

D

A une heure trois quarts.	Faire diminuer de voiles au deuxieme Vaisseau de l'Escadre Blanche, (*le Sceptre.*)
	» *Ce signal a été exécuté.*
A deux heures.	Faire rallier l'Armée à l'ordre de bataille, l'amure à bas-bord, dans l'ordre renversé.
A deux heures trois quarts.	Faire diminuer de voiles à la deuxieme Escadre.
A trois heures sept minutes.	Faire diminuer de voiles à la deuxieme Escadre.
	» *Ce signal a été exécuté.*
A trois heures & demie.	Faire tenir le vent à toute l'Armée, toute à la fois, les amures à stribord.
	» *Ce signal n'a pas été exécuté.*
A quatre heures. . . .	Rallier l'Armée à l'ordre de bataille, l'amure à stribord dans l'ordre naturel.
	» *Ce signal n'a pas été exécuté.*
A quatre heures un quart.	Faire tenir le vent à toute l'Armée, toute à la fois, les amures à stribord.
	» *Ce signal n'a pas été exécuté.*
A cinq heures trois quarts.	Serrer la ligne.
	» *Ce signal n'a pas été exécuté.*
Peu après, ...	Faire tenir le vent à toute l'Armée, toute à la fois, les amures à stribord.
	» *Ce signal n'a pas été exécuté.*

» Je certifie que les signaux ci-dessus
» mentionnés, sont conformes au Regiftre.
» A Breft, le 4 Octobre 1782.

Signé Chevalier DE VAUGIRAUD.

EXPLICATION
Des termes de Marine employés dans le mémoire du Comte DE GRASSE,
Pour servir à ceux à qui ces termes ne seroient pas familiers.

Amarre-grelin.	CORDAGE, petit cable.
Amures.	Le côté du Vaisseau qu'il présente au vent.
Apareiller, mettre sous voile.	Partir, déplier ses voiles pour partir.
Arriver.	Faire céder, refuger la proüe d'un Vaisseau au vent.
Avoir le vent sur un Vaisseau.	Être plus près que lui de l'endroit d'où le vent souffle.
Bas-bord.	Le côté gauche d'un Vaisseau.
Bras.	Cordage qui fait mouvoir les vergues.
Brise.	Vent qui est constant en Amérique, qui souffle du nord au sud passant par l'est.
Bordée.	Ligne que décrit le Vaisseau en naviguant au plus près du vent.
Bordée.	Se dit aussi de tous les Canons d'un des côtés du Vaisseau lorsqu'ils tirent en même-tems.
Canal.	Partie de mer entre deux Isles, entre deux Terres.
Chasser.	Poursuivre, aller au-devant d'un Vaisseau.
Courir des bords.	Aller au plus près du vent sur différentes bordées pour s'élever au vent.
Diminuer de voiles.	Plier partie de ses voiles pour rallentir sa marche.
Être, se mettre au même bord.	Présenter au vent le même côté de son Vaisseau qu'un autre Vaisseau lui présente.
Être, se mettre à bord opposé.	Présenter au vent, l'un le côté droit, l'autre le côté gauche de son Vaisseau.
Être, passer, tomber sous le vent.	Avoir entre son Vaisseau & l'endroit d'où vient le vent un autre Vaisseau, une Isle, une Terre.
Feux d'un Vaisseau.	Fanaux de la poupe d'un Vaisseau.
Faire, essuyer le feu.	Coups de Canons que l'on tire, que l'on reçoit.
Forcer de voiles.	Présenter plus de voiles au vent pour hâter sa marche.
Faire sig. al, signaler.	Ordonner telle manœuvre, avertir de telle chose, au moyen de pavillons de telle ou de telle couleur, placés de telle maniere au haut d'un mat. Parler aux yeux des autres.

	Dans la nuit les signaux se font au moyen de tel nombre de coups de Canon précédés ou suivis de fusées.
Haut-bans.	Cordages qui tiennent les mâts de bout, entre lesquels il y en a d'autres en forme d'échelon pour monter aux mâts.
Ligne de Bataille.	Ligne que décrit une Armée lorsque les Vaisseaux sont rangés les uns après les autres avec la distance ordonnée.
Mouiller.	Jetter l'ancre.
Ordre (de Bataille) renversé.	Celui qu'observe une Armée quand la troisieme Escadre sert d'Avant-Garde.
Ordre (de Bataille) naturel.	Celui qu'observe une Armée quand la seconde Escadre fait l'Avant-Garde.
Relâcher.	Entrer dans une Rade, dans un Port, y jetter l'ancre.
Remorquer.	Conduire un Vaisseau à la suite du sien par le moyen d'un cordage attaché aux deux Vaisseaux.
Risées de vent.	Bouffées de vent.
Stribord.	Le côté droit d'un Vaisseau.
Tenir le vent, reprendre le vent.	Venir au plus près du vent. Faire route au plus près du vent.
Vergues.	Traverses de bois, attachées en forme de croix aux mâts, où sont attachées les voiles, & qui les tiennent ou étendues ou pliées.
Virer.	Faire tourner son Vaisseau de la poupe à la proüe, ou de la proüe à la poupe.
Virer vent devant.	Présenter en virant sa proüe au vent.
Virer vent arriere.	Refuser, faire céder en virant sa proüe au vent.
Virer toute à la fois vent devant ou vent arriere.	Mouvement par lequel chaque Vaisseau d'une Armée, d'une Escadre, vire en même-tems en présentant ou en refusant sa proüe au vent, & par lequel l'Armée, l'Escadre, se retrouve en ligne à bord opposé.
Virer par la contremarche vent devant ou vent arrière.	Mouvement par lequel chaque Vaisseau d'une Armée, d'une Escadre, l'un après l'autre en commençant par celui de la tête, vire à son tour, & vient former une nouvelle ligne sous le vent ou au vent de la premiere.

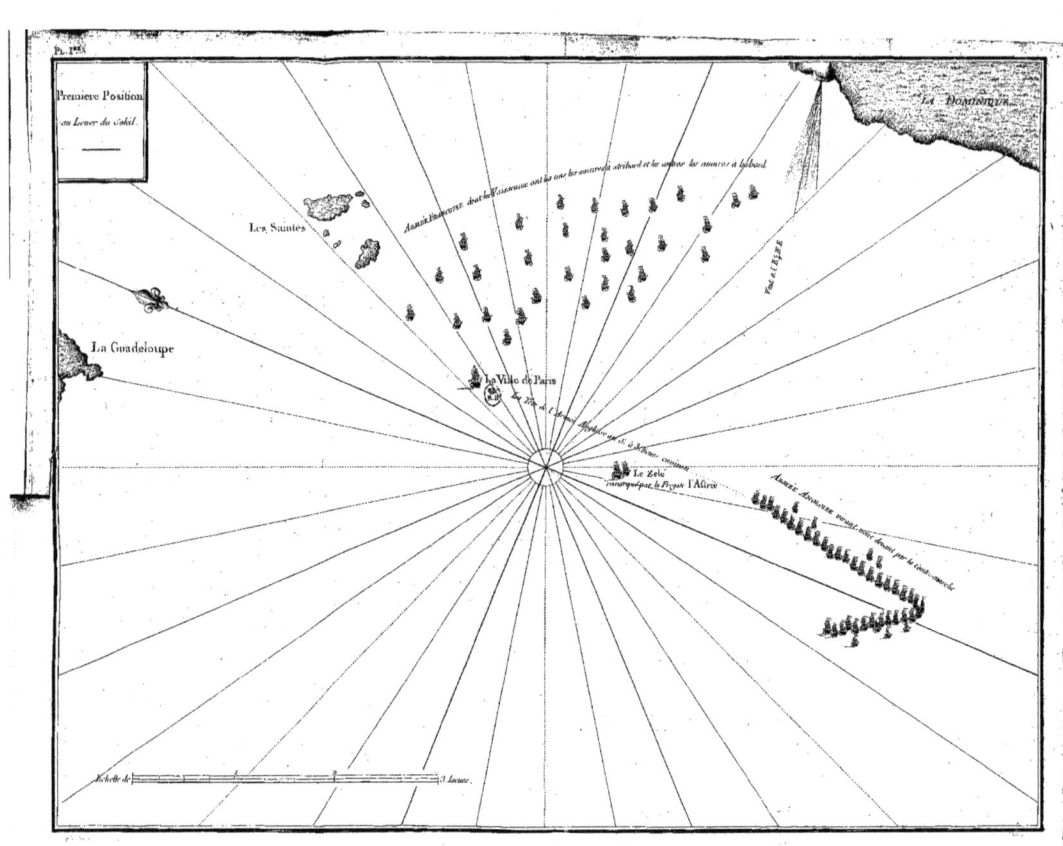

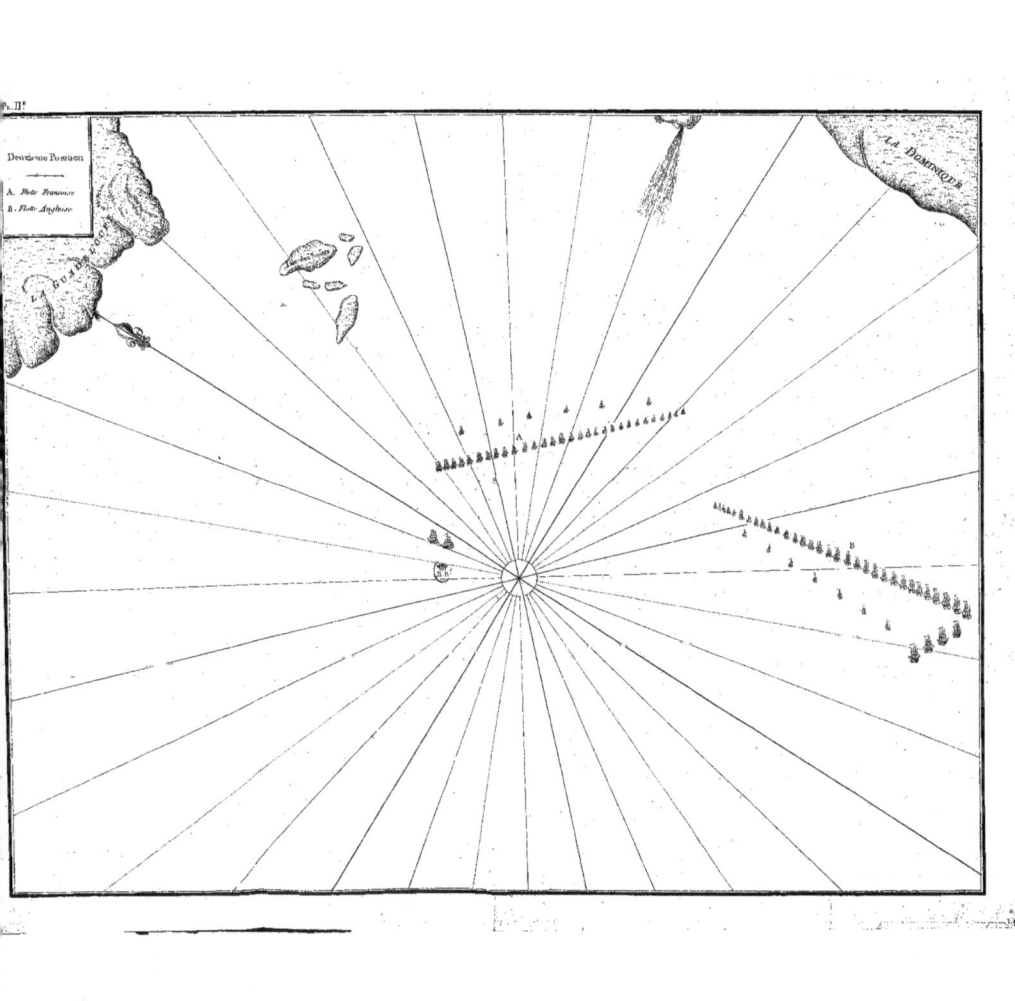

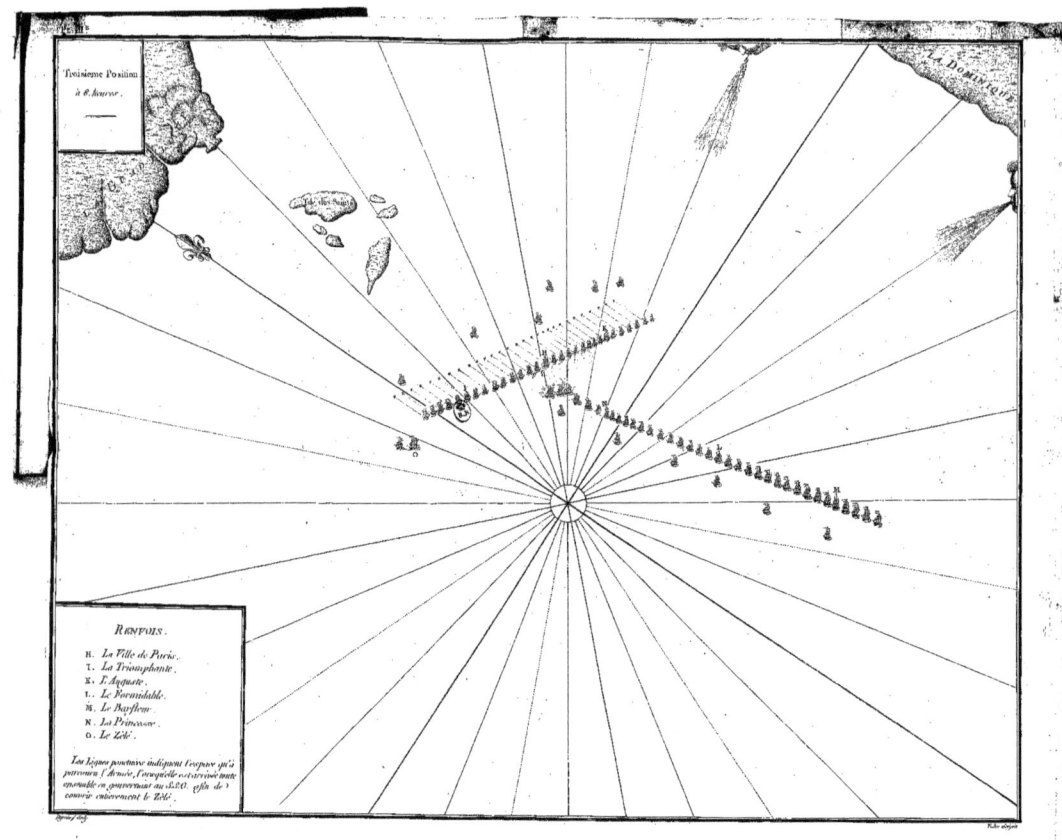

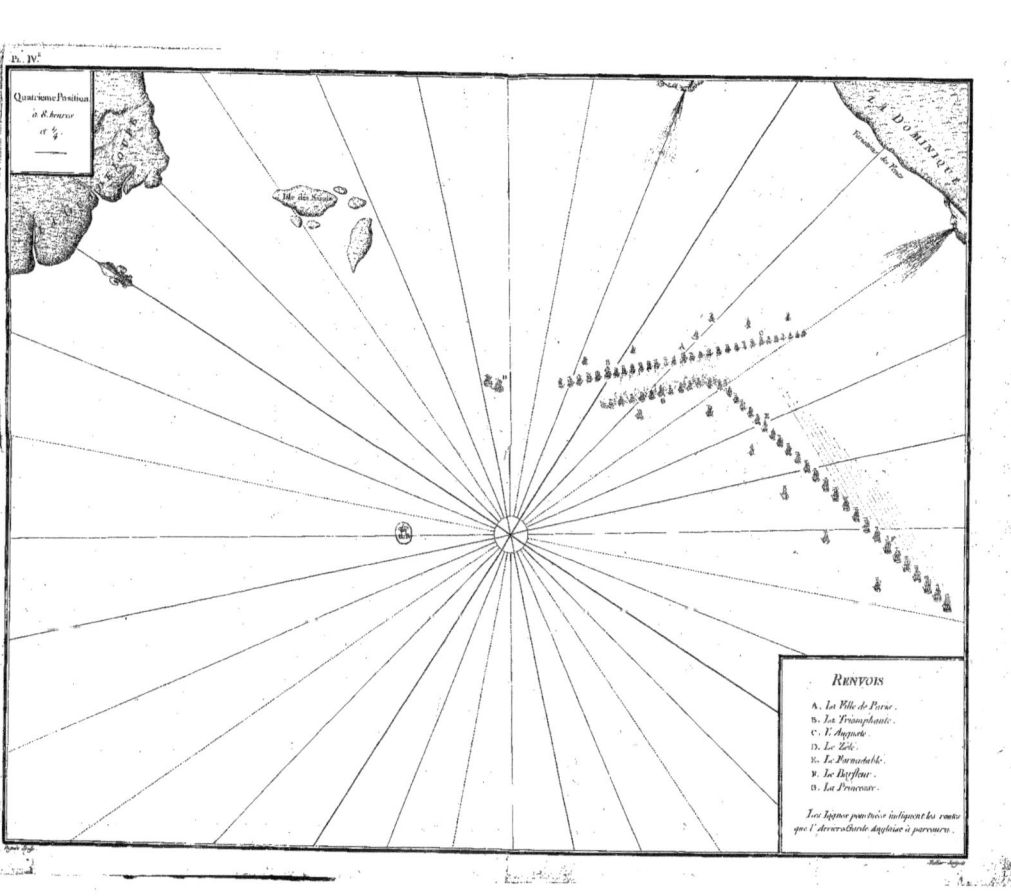

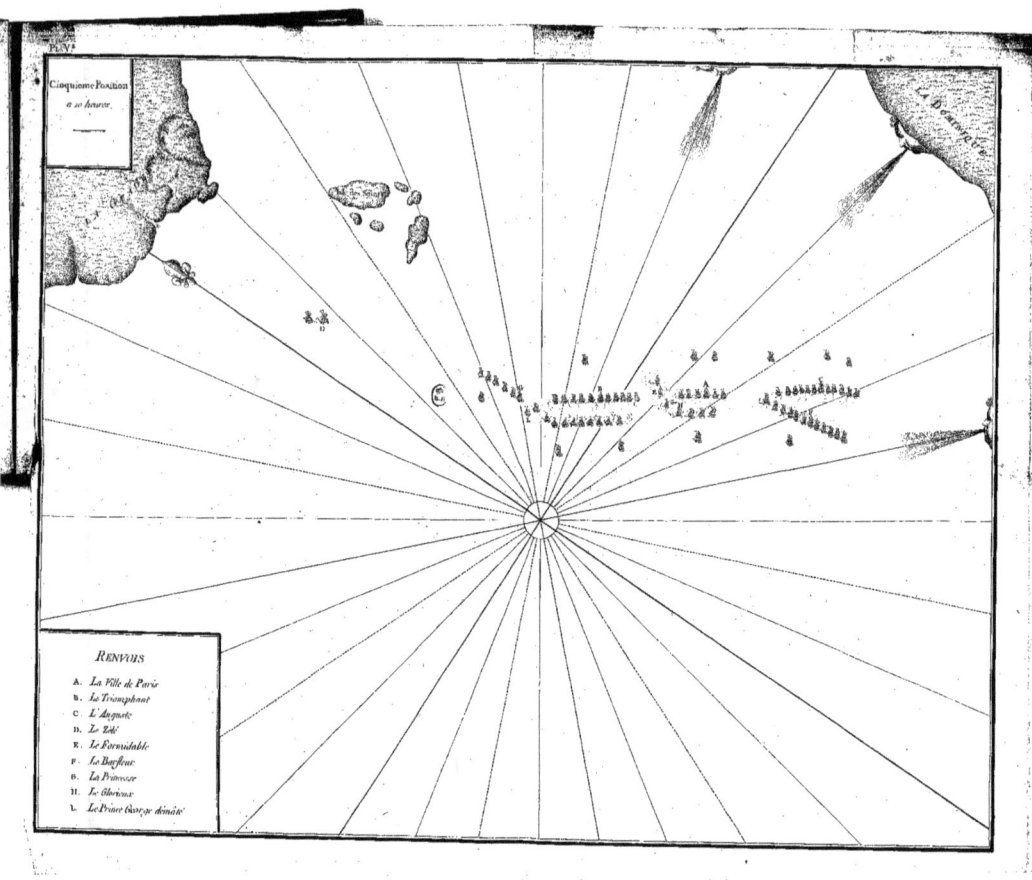

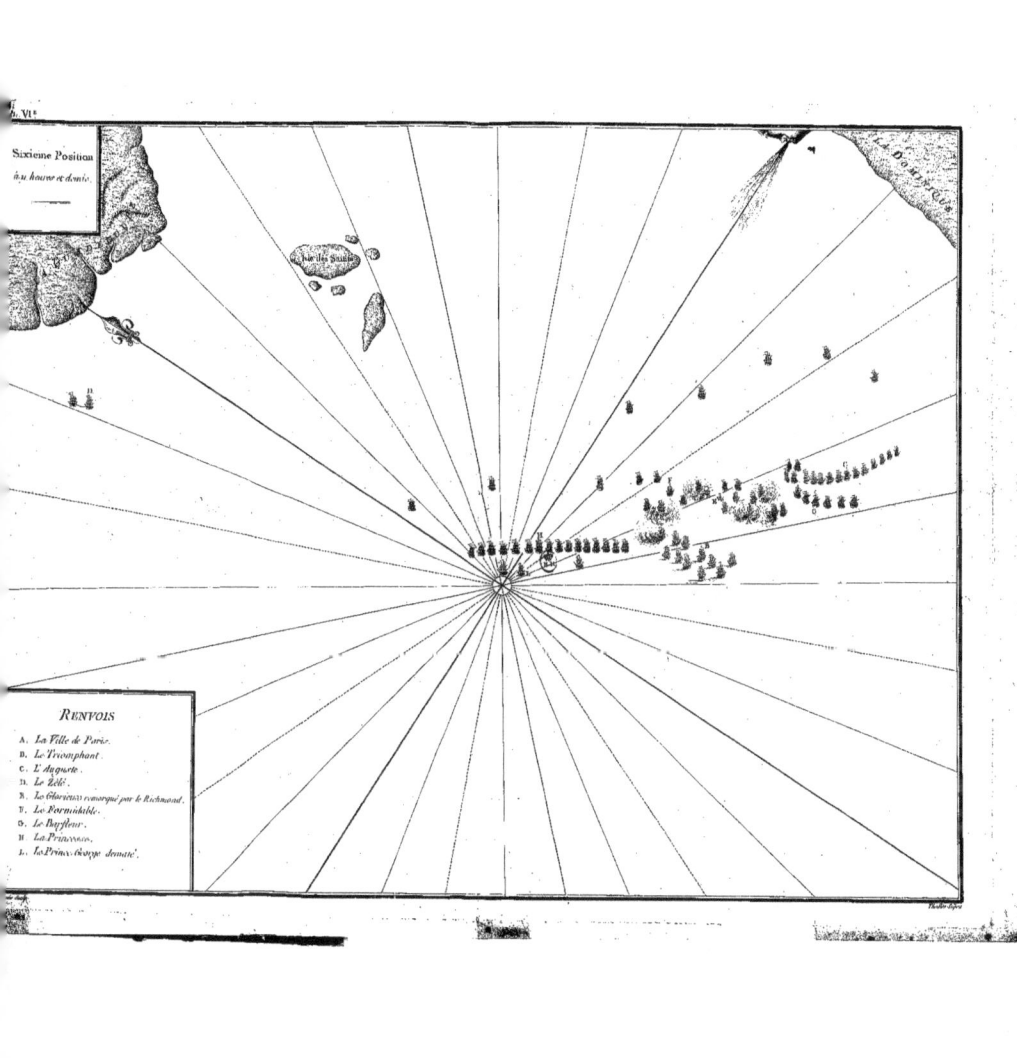

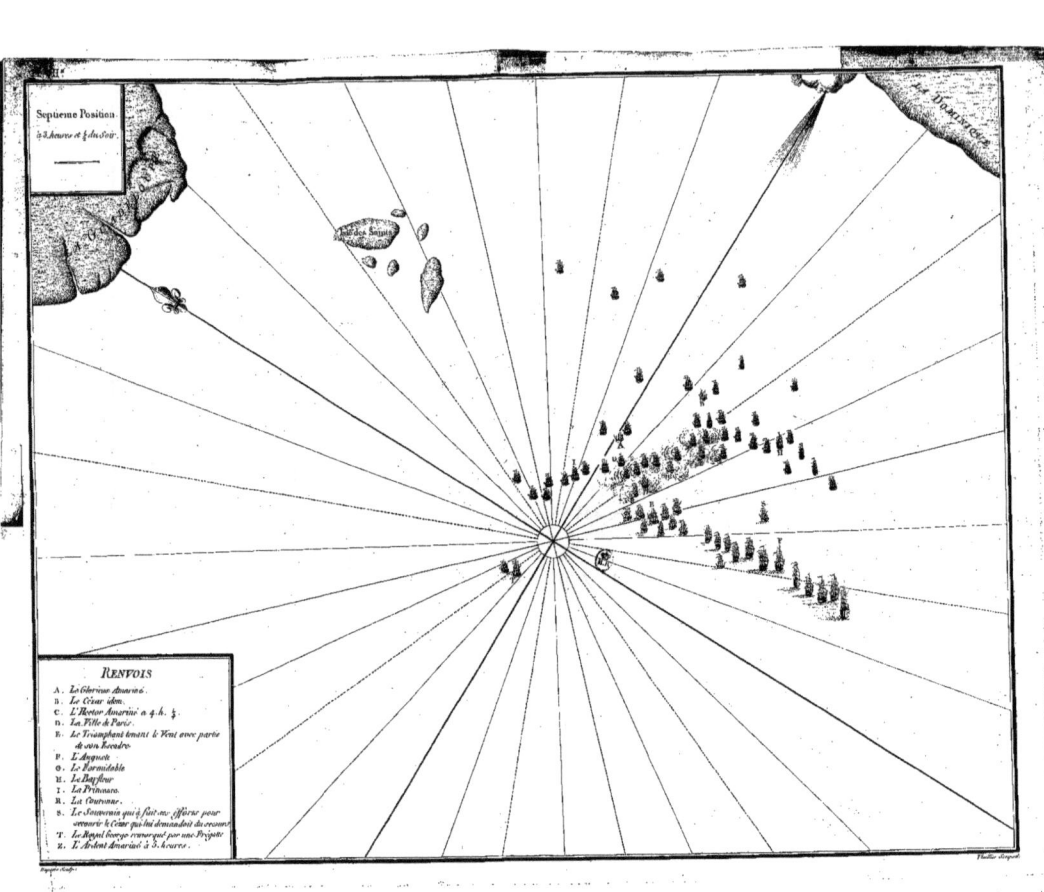

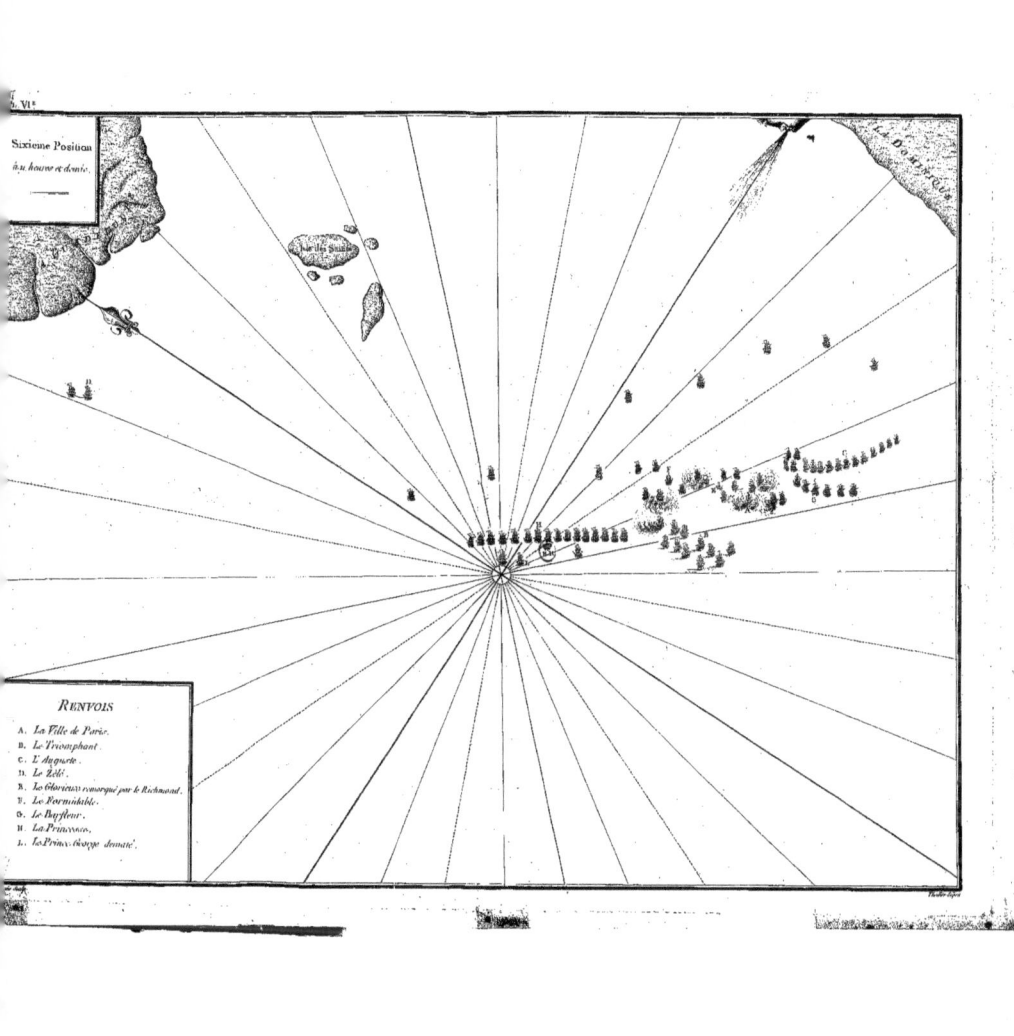

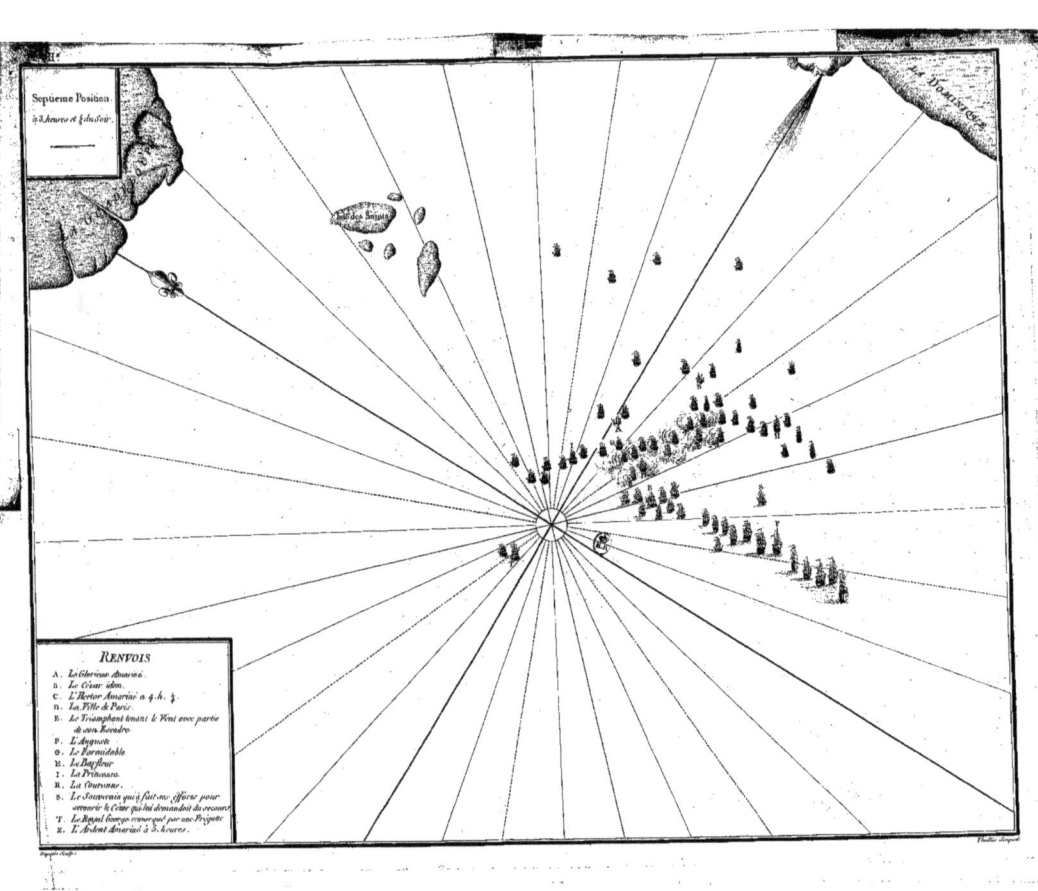

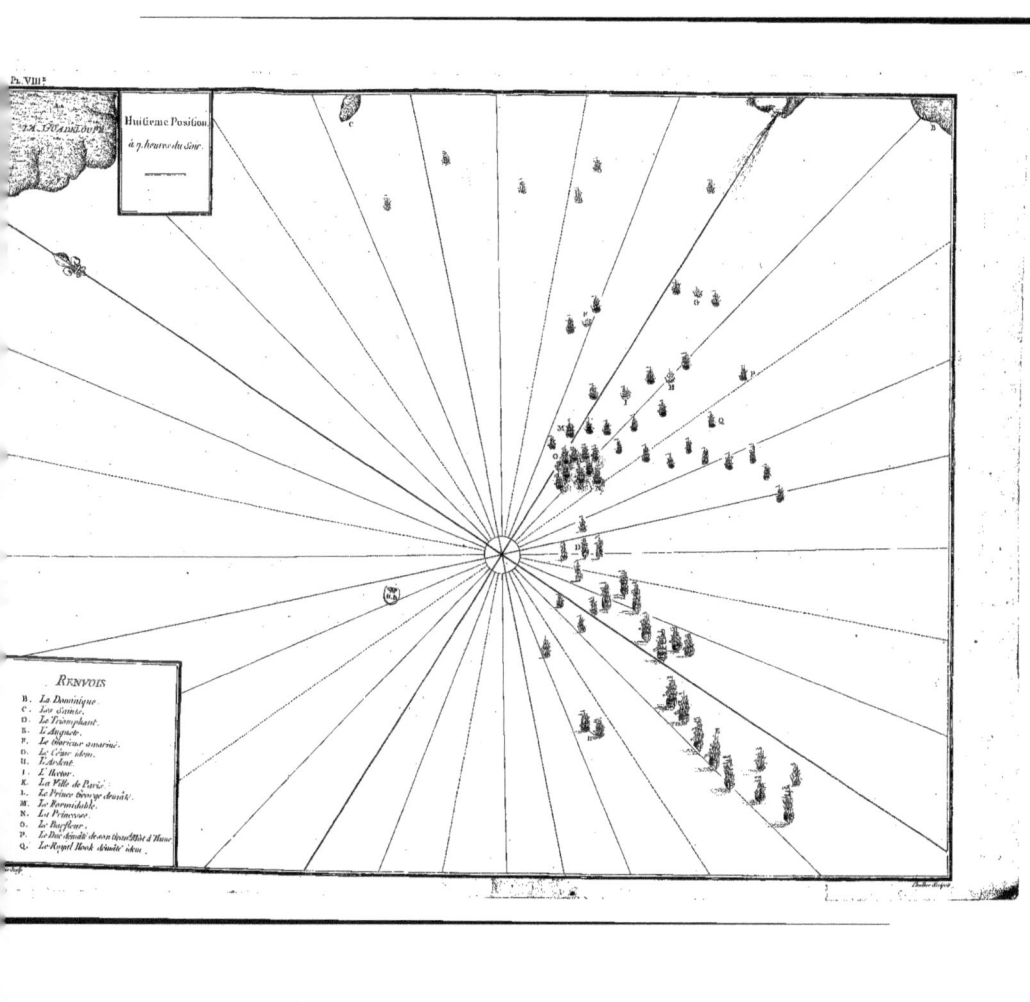